気をつけよう！
ネット動画

3 大丈夫!? 動画の著作権

テレビ画面を撮って
投稿していいの？

ネット動画を
複製してもいいの？

著作権侵害のうち
ネットを使った事例が
増えている！

おっ！けっこう
イケてる♡

ヘイ！
ヘイ！

100
(%)
80
60
40
H21 22 23 24 25　　　　　　30(年)

10年間で
1.4倍！

監修　小寺 信良 (一般社団法人 インターネットユーザー協会 代表理事)

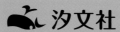 汐文社

はじめに

　インターネットやパソコン、スマートフォン（以下、スマホと略）の普及で、簡単に音楽や動画や絵、文章のデータを手に入れることができるようになりました。そして、そのデータを誰でも簡単に複製（コピー）できるようになったのです。

　以前であれば、音楽や動画、絵、文章などの複製は時間や手間がかかり、そうしてできた複製物の品質はそれほどよくありませんでした。けれども技術の進歩により、現在はオリジナルとほとんど変わりのない複製品が作れます。こうした進歩で問題になっているのが、作品を作った人の権利である著作権です。複製が簡単になった結果、もとになる作品が勝手に使われる可能性が増えてしまったのです。

　そこでこの巻では、ネット時代の著作権について探っていきます。とくにＱ＆Ａのコーナーでは、ネット動画を見たり投稿したりする中で、ついやってしまいがちな著作権侵害の例や、判断に迷う例へのアドバイスを紹介しています。ぜひ、著作権についての正しい知識を身につけて、安全で楽しいネット動画とのつきあい方を見つけてください。

　この巻では、ネット動画と著作権について、2人の専門家がそれぞれの専門分野から、解説とアドバイスをします。

弁護士
上沼紫野 さん

青少年の情報通信技術リテラシーの啓発・教育活動などにも積極的に関わっている立場から、子どもに知ってほしい法律や事例について解説します。

インターネットユーザー協会
代表理事
小寺信良 さん

映像の編集者として活躍した経験を生かし、インターネットに関する正しい知識を広める立場から、子どもとインターネットとのつきあい方などをアドバイスします。

もくじ

▶ 著作権ってどんな権利？

　創作活動から生まれたストーリーやまんが、音楽など、自分の思想や感情を表現した創作物を著作物（8ページ参照）といい、この著作物を作った人は著作者と呼ばれます。著作権とは、著作者の創作物がほかの人に勝手に使われたり、まねされたり、売られたりすることのないように保護する権利です。保護される内容は著作権法という法律で定められています。

　デジタル技術の発達、さらにインターネットの普及にともなって、著作権を侵害する著作権法違反がネット上で増えています。下のグラフでわかるとおり、検挙された著作権侵害のうち、インターネットを使った事例の割合が10年間で約1.4倍に増えています。警察庁の発表※によると、まんがやアニメ作品を無断でインターネット上に公開したり、テレビの放送を動画共有サイトに投稿したり、ドラマやアニメなどのDVDを複製してネット販売したりといった事例が増えているそうです。一例をあげると、大手音楽関連会社が運営するカラオケサイトから音源を入手し、無断でカラオケ音源をYouTubeに投稿したとして、男性会社員が書類送検されています。

▶▶インターネットを利用した著作権侵害事犯の割合の推移

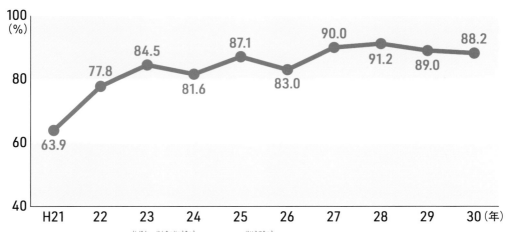

※「平成30年における生活経済事犯の検挙状況等について（警察庁）」(https://www.npa.go.jp/publications/statistics/safetylife/seikeikan/H30_seikatukeizaijihann.pdf)を加工して作成。上のグラフも同資料。

著作権という言葉をよく耳にしますが、その内容を正しく理解している人は、大人でも多くはないようです。そもそも、どんな権利で、インターネットの普及がどう影響しているのか、探っていきましょう。

▶▶著作権は知的財産権の1つ

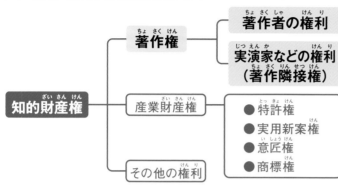

著作権は左のチャートでわかるとおり、知的財産権という権利の中に含まれています。知的財産とは、まんがや音楽のほか、絵、文章、アイデア、デザインなど人の創造的活動により生み出されるものや、商品名など事業活動に用いられる表示のことをいいます。

✔ 著作権について、どれくらい知っている？

みなさんは著作権について、どのくらい理解していると思いますか。ここでクイズにチャレンジして、自分の理解度を測ってみましょう。下の5問のうち、許可をとらずに行うと著作権法違反になるのはどれだと思いますか。

Q1 好きなまんがをスマホで撮って友だちに回覧したい　➡くわしくは8ページへ

Q2 宮沢賢治の小説を丸々自分のウェブページに載せたい　➡くわしくは9ページへ

Q3 授業中に書いた自分の作文を自分の著作物としてSNSに投稿したい　➡くわしくは10ページへ

Q4 好きなアーティストの曲をバックに演奏した動画をSNSに投稿したい　➡くわしくは22ページへ

Q5 カラオケで友だちと歌っているところを動画投稿したい　➡くわしくは24ページへ

このクイズ、2と3以外はみな、著作権を侵害する行為です。でも、つい、やってしまいそうな例ですね。どの例も、そんなにむずかしい技術がいらないということも、「つい、やってしまう」理由といえるでしょう。実はこの簡単さが、インターネット上の著作権侵害が増えている一因なのです。

誰かほかの人が作った音楽や動画、まんがのキャラクターや絵など著作権のあるものを勝手に使うことは禁止されており、著作権をもっている人の許諾が基本的に必要だということをまず覚えておきましょう。

身のまわりには著作物がいっぱい

① スマホで聞くことのできる音楽は、その曲を作った人には著作権が、曲を歌った（演奏した）人と音源として制作した会社には著作隣接権（10ページ参照）があります。

② 動画などのリンクをコピーして、ほかの人に送るのは違法ではありません。

③ YouTube上の動画や曲は著作権で保護されていますが、例外的に授業の中で教材などとして使うことが認められています。歌詞などをコピーして配付することも違法にはなりません。

⑤ 楽曲は①で説明しているとおり、著作権で保護されていますが、文化祭でのダンスの発表など、観客からお金をとらないような場合は、無許可で使うことが認められています。

④ 著作権で保護されている動画のスクリーンショットをとっても、自分のメモのためにするのであれば違法になりません。

著作権で保護される創作物は、私たちの周囲にあふれています。ある高校1年生の女の子の1日を例にとって、おもにインターネットに関係する著作物について見ていきましょう。

❻ 映画も著作権で保護されていますが、学校の宿題のレポートで映画の論評をするために必要な限度でその一部をコピーすることは認められています。しかし、ほかの人が発表している映画のレビューなどをまるごと自分のものとして使う行為は、その人の著作権を侵害することになります。

❽ 動画共有サイトやSNS上には、違法にアップロードされた動画や画像、音楽などが存在しています。違法だと思うものは視聴をさけましょう。

この中にはたくさんの人が創作した作品が入ってるんだ

❼ 動画を勝手に違法な手段でダウンロード、つまり複製することはやめましょう。

3 著作物の種類と保護される期間

▶ 著作物って具体的にはどんなもの?

著作権法で著作物とは、「思想または感情を創作的に表現したもので、文芸、学術、美術または音楽の範囲に属するもの」と定められています。つまり、自分で考え、心をこめて作り、表現したものが著作物となるのです。

そのため、自分の頭の中で考えているアイデアの時点では、まだ表現されていないので、著作物とはいいません。また表現する場については、放送でも舞台でも本でもインターネット上でもよく、限定はされません。具体的には、著作物には以下のようなものがあります。

☑ 著作物の種類

▍言語の著作物
論文、小説、脚本、詩歌、俳句、講演など

> 好きな小説の一部をネットにあげてしまうと、これは問題になるね。

▍音楽の著作物
楽曲および楽曲をともなう歌詞など

> 「歌ってみた」「弾いてみた」動画などはこれに関係するね。

▍踊りや振りつけの著作物
バレエ・ダンスなどの舞踊やパントマイムの振りつけ

> 「踊ってみた」動画はここに関係するね。ダンスだけでなく振りつけも著作物として保護されるんだね。

▍美術の著作物
絵画、版画、彫刻、まんが、書、舞台装置など（美術工芸品も含む）

> 5ページのクイズに出てきたまんがも著作権で守られているんだね!

▍建築の著作物
芸術的な建造物、モニュメントなど

▍地図、図形の著作物
地図や学術的な図面、図表、模型など

▍動画の著作物
劇場用映画、テレビドラマ、ネット配信動画、ビデオ画像、ゲームソフト、コマーシャルフィルムなど

> 公開されている作品はほとんど著作物なんだね。

▍写真の著作物
写真、グラビアなど

▍プログラムの著作物
コンピュータ・プログラムなど

著作物には、映像や音楽、絵、文章、踊りなど、いろいろなジャンルのものがあります。ここでは、それらの種類と、その保護される期間について解説します。

▶ 著作権で守られる期間は？

著作者の権利を守る著作権ですが、その権利は永遠にあるわけではありません。著作物は創作された瞬間から保護がはじまり、著作者の死後70年まで著作権が存続します。著作者が個人ではなく団体の場合は、公表後70年が保護期間です。

保護期間の切れた動画や音楽、その他の作品は、自由に使ったり、複製したりすることが可能になります。

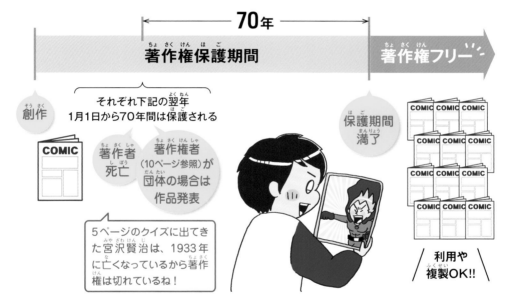

これって著作物？

憲法、国や地方公共団体の法令・条例などや、裁判所の判決、決定、命令なども著作物ですが、著作権で保護はされません。また、「××××年に□□という事件が起こった」という歴史的事実や、「昨年は記録的な猛暑で、○○の最高気温は38度」などという単純な表現は、人の思想や感情が表現されていないので、著作物にはあたりません。そのほか、アイデアや料理のレシピ、コンピュータのプログラム言語、一般的な実用品のデザインなどは著作権では保護されていません。

4 著作者・著作権者と呼ばれる人の権利

▶ 誰でも著作者になれるの？

映画やまんが、音楽などが著作権で保護されていることは、これまででわかりました。では、著作権は誰でももつことができるのでしょうか。

答えは◯です。作ったものが仕事として創作されたものでなくても、大人でも子どもでも著作者になれるのです。5ページの著作権クイズのQ3にあった「授業中の作文」も著作権の対象ですし、あなたが自分で作った曲に対しても著作権は発生します。

5ページのチャートでも登場したとおり、著作権には著作者の権利と実演家などの権利である著作隣接権があります。この著作者の権利はさらに細かく、下のチャートのように枝分かれしています。

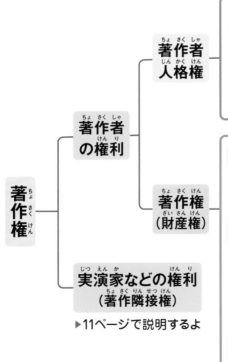

著作者人格権

公表権	氏名表示権	同一性保持権
作ったものをネット投稿するなど、世の中に公表するかどうかを決める権利	著作物に自分の名前を表示するよう（またはしないよう）求める権利	作ったものを勝手に改変されない権利

著作権（財産権）

複製権
ダウンロードや録画など、勝手に作品を複製されない権利

公衆送信権など（送信可能化権を含む）
インターネット上での公開など、勝手に世の中の人が見られるような状態にされない権利。テレビ放送や有線放送を行うこともこれに該当する

翻訳権、翻案権
翻訳や編曲、変形、脚色など、作品を別の表現にされない権利

- 上演権・演奏権
- 上映権
- 伝達権
- 口述権
- 展示権
- 頒布権
- 譲渡権
- 貸与権

実演家などの権利（著作隣接権）
▶11ページで説明するよ

ネットで関わるのはおもに ■ のもの

ここではさらに深く著作者の権利について探っていきます。著作者と呼ばれる人は、実際にどんな権利をもっているのでしょうか。著作者とともに著作権者と呼ばれる人についても解説します。

▶ 2つある著作者の権利はどう違うの？

著作者の権利のうちの1つ、著作者人格権は、著作物をとおして表現された著作者の人格を守っています。そのため、以下のようなことが禁止されています。

- ●著作者の了解なしにみんなに見せる
- ●著作者の了解なしに著作者の名前を公表する
- ●著作者の了解なしに作品を変える

一方、もう1つの著作権（財産権）は、著作者の財産を守っています。他人が勝手に複製や配布をしたり使ったりすることで、著作者が得られるべき財産が損なわれないように定められているのです。

ちなみに著作権（財産権）は作った人が希望すれば、誰かに預けたり売ったりすることができます。また相続の対象となるので、相続人に権利が移行することもあります。こうして著作権（財産権）を預かったりゆずられたりした人は著作権者と呼ばれます。これに対し、著作者人格権はほかの人にゆずることはできません。

▶ 著作物の利用は著作者に配慮すればOK？

著作権には著作者の権利のほかに、著作隣接権という実演家などの権利があります。作品を創作した著作者だけでなく、作品を世の中に広める役割を果たしている人も準創作的な活動を行っているとみなされて権利を保護されているのです。以下のようなものが著作隣接権となります。

- ●実演家（歌手など）の権利
- ●レコード製作者の権利
- ●放送事業者の権利
- ●有線放送事業者の権利

たとえば、ネット動画でCD音源を使いたいと思った時に、その曲を作詞・作曲した著作者だけでなく、曲を歌う歌手や、その歌を録音してCDを作るレコード会社といった著作隣接権をもつ人たちのことまで含めて考えなければいけないというわけです。

11

5 著作物を使いたいと思ったら

▶ 許可をとらずに著作物を使えるのはどんな時?

著作権の保護期間の切れたもの、著作権の承継者不在のもの、著作者が権利を放棄したものはパブリックドメインといって、自由に使うことができます。ただ、それ以外の著作物を使う時にすべて許諾が必要となると、個人で作品を楽しんだり学校で教材として使ったりする時に、制限がありすぎて大変です。そのため、法律における保護の対象外ということで、例外的に、許可をとらなくても著作物を自由に利用できるケースが定められています。私たちの身近なものの中では、おもに以下のような場合、許可なくその作品を使うことができます。

私的使用のための複製(私的複製)

自分や家族が使用するためなら複製していいので、テレビ番組の録画などはOK。ただ、その録画データを友人に貸すのは家庭内の範囲以外になってしまうため、NG。私的使用であったとしても「誰もが使用できる自動複製機を使っての複製」「コピーガードを外しての複製」「違法ダウンロード」はNG。

引用

公表された著作物は、以下のルールを守れば引用として利用が可能。

● 自分の著作物が「主」で、引用が「従」となるような内容と分量であること
● 報道、批評、研究など、目的が正当で引用を必要とすること
● 文章の場合、括弧でくくるなど、どこが引用部分かわかりやすいこと
● タイトルや著者名、ウェブサイトのURLなど、どこから引用したかを明確にすること
　文章の引用のケースが多いが、美術品を批評する場合などは、画像の引用も可能。

学校その他の教育機関における複製

教師または生徒が授業で使用する目的の場合は、必要な範囲内でOK。ただし、ドリル・ワークブックの複製や授業の目的を超えた放送番組のライブラリー化などは著作権者の不利益につながるおそれがあるのでNG。

付随対象著作物の利用(写りこみ)

動画や写真を撮る際に、風景の中にあった絵や店内を流れている曲など、たまたま他人の著作物が入りこんでしまい、それをとりのぞくことがむずかしい場合はOK。

営利を目的としない上演など

金銭上の利益を目的とせず、出演者の報酬がないこと、入場料をとらないことを条件に、著作物の演奏や上演、上映、口述(読み聞かせなど)をすることはOK。

図書館などにおける複製

公共図書館での本や資料は1人につき1部ならば複製はOK。ただし、本のすべてを複製することはNG。

公開の美術の著作物などの利用

建築物や公園にある銅像など、屋外に設置されている美術品は撮影したり、放映したりしてOK。

著作物を見たり聞いたりするだけでなく、ネット上で公開するなどの方法で利用したいと思ったら、著作権の許諾が必要です。許可なく使える場合と許可をとる方法について見ていきます。

▶ 許可をもらうためには何からすればいいの?

では、実際に著作物を使うための許可のとり方について説明しましょう。手順としては、以下のとおりになります。

ステップ 1

その作品は日本で保護されているもの?

著作権の内容は、各国の著作権法で定められており、どのような作品を保護するかも、各国の著作権法で決められています。海外の作品であっても日本で作品を利用する場合、日本の著作権法に従います。作品が日本の著作権法で保護されているものか、まず確認をしましょう。目安としては、以下のものは日本で保護されているものとなります。

- 日本国民が作った著作物
- 日本国内で最初に発行された著作物
- 条約によって日本が保護する義務をもつ著作物

日本の著作権で保護されているかわかったら、ステップ2へ進みます。

ステップ 2

著作権の保護期間内のもの?

9ページで説明した保護期間を確認します。著作権が消滅した著作物は、社会全体の共有財産として自由に利用できます。保護期間内であればステップ3へ進みます。

う〜ん、作品が発表されたのが1973年だから…

ステップ 3

特別に使える作品ではない?

著作物は特別な条件（12ページで解説）を満たせば、許可をとらずに利用することができます。この条件にあてはまらない場合はステップ4に進みます。

ステップ 4

著作権の利用許諾をもらう

許諾が必要だとわかったら、著作権をもっている人を調べて許可をもらいます。本やCD、DVDなどの場合は、それらの発売元に問いあわせるといいでしょう。利用の許可をとる時には、その作品の利用方法をできるだけくわしく伝えます。ただし、個別の問いあわせには応じていない場合もあります。

ネット動画を利用する上で、著作権以外にも知っておいたほうが
いい権利があります。知らない間に人の権利を侵すことのないよう
に、覚えておきましょう。

著作権以外に気をつけるべきことは？

　ネット動画の世界では、著作権の問題のほかに、無断で自分や家族の顔が映っ
た動画や写真が使われる「フォトハラ（フォトハラスメント）」の問題もひん発していま
す。写っている人の許可を得ずに写真を投稿することで、知らない人に写真が見ら
れたり、データに埋めこまれた位置情報やタグづけ機能※などで個人の行動が特定
して精神的苦痛を受けるケースがフォトハラです。
　投稿した人に悪意がなくても、許可なく撮影したり公開したりする行為は肖像権
の侵害やプライバシーの侵害にあたります。では、肖像権やプライバシー権とは、
どんな権利なのでしょうか。

※自分の投稿にほかのアカウントが紐づけられる仕組み。

これらの権利を侵害してはダメ！

　肖像権やプライバシー権は法律で定められた権利ではありませんが、裁判などで
認められた権利です。これらの権利を侵害すると、違法と判断された投稿は削除さ
れ、損害賠償を請求されることもあります。

┃肖像権

人の姿かたちは個人の人格を
象徴するもので、私たちは勝
手に撮影されたり公表されたり
しない権利をもっています。

┃プライバシー権

プライバシーとは、自分の名前や住所、家庭生活、経済
状況、思想信条や宗教、健康や病気、犯罪歴などをさ
しています。私たちはこれらを勝手に公開されない権利を
もっています。

有名人の画像や映像を勝手に使ったら

アイドルやタレントなど有名人の顔や名前には人の関心を引きつける力があります。そうした力を
本人が利用できる権利を、パブリシティ権といいます。許可なく有名人の顔や名前を使って、人
を集めたり物を売ったりすると、パブリシティ権の侵害となります。

ここからは、ネット動画を視聴する時に関係する著作権の問題について取りあげます。気になりがちな事例ごとに見ていきましょう。

Q ネット上にある動画で違法なものはない？見ているだけなら大丈夫？

A 違法なものもあるけれど、見るだけなら大丈夫。けれども動画のダウンロードは×。

動画共有サイト上には、著作権者が自分で公開したものや宣伝のために公開したもの、著作権者が知らないうちに投稿されたものなど、様々な動画があります。そのため、それが合法のものなのか違法のものなのかを見極めるのはむずかしいのが現状です。実際に違法投稿されたものも存在しますが、そうした違法動画を取りしまることが追いついていない状況ともいえます。

著作権法では、著作物を投稿したり配信したり複製したりといった「利用」をした場合に著作権侵害となるのであって、見たり聞いたりするだけの「使用」では侵害になりません。ただ、違法投稿された動画を見ることは、著作権者に正当な利益がいかないということを意味するので、正しい方法で見るように心がけたいですね。

ちなみに、違法・合法に関わらずダウンロードすると「複製」になります。著作権の許可を得ずに複製をすれば、12ページで紹介した例外をのぞき著作権法違反となるので覚えておきましょう。

ん？このサイトだと映画が無料でダウンロードできちゃうって！

ダウンロードOK!! 無料 名作の数々!!

Q リツイートした動画が違法投稿されたものだったらしい。私も罪になるの？

A 事前に違法とわかったらやめておきましょう。

　リツイートとは、Twitter に投稿された他人のツイートをもっと多くの人に見てほしいと思った時に使う機能です。ツイートを再投稿して自分のタイムライン※に表示させることができます。

　リツイートでは、「インラインリンク形式」といって、自分のツイート上にもとのツイートの一部が表示されるだけなので、タップをしてもとのページに飛ばないとすべてが表示されないため、著作権侵害になるかならないかはむずかしい問題です。

　ただ、リツイートした時に、著作物の見え方が変わったという理由から、同一性保持権の侵害を認めた裁判の例もあります。もともといけないのは、違法な動画を投稿した人ではありますが、著作権侵害だと思う動画のリツイートはさけましょう。

※複数のツイートが時系列に一覧表示されるページ。

✅ リツイートが同一性保持権侵害と認められた例

リツイート

もとの画像

○○○○年に撮影したこのバラは……

○○○○撮影

リツイートされた画像

この場合、写真を撮影した著作者の名前が見えなくなっていたことと、写真のトリミング（画像の一部分を切り取ること。構図が変わってしまう）が行われていたことが問題とされた。

※イラストはリツイートにより侵害とされた事例をもとに作成したイメージ。

コンサートに行って撮ってきた映像を自分の家で見るのは大丈夫？

A そのコンサートで動画撮影が許可されていたならばOK。

アイドルやアーティストが歌ったり演奏したりしている動画には、作詞家や作曲家の著作権、演奏者の著作隣接権、出演者の肖像権などが関わります。最近はコンサートなどでスマホでの撮影を許可している場合もあり、そうした時に撮った動画なら、自分の家で見ることは問題になりません。また、そうした場合の多くはその動画をSNSなどに投稿することも、容認されています。

ただ撮影を許可しているアーティストでも、「せっかく生で演奏をしているのに、最初から最後までスマホをかかげられているのは不愉快」と考えている人も少なくありません。また、スマホを演奏中高くかかげていることで、その後ろにいる人が見えづらくなるなどの問題も起きています。自分だけでなく、周囲の人も楽しんでいるということを忘れずに、アーティストや周囲の観客が気持ちよくコンサートを楽しめるようには気遣いたいですし、コンサートのマナーは守りたいですね。

ちなみに、撮影禁止のコンサート会場で撮影をすれば、肖像権の侵害などが問題となります。

次は、動画投稿をしようとする時に気をつけたいケースです。動画共有サイトには合法ではない動画もあるので正しい知識をもっておきましょう。

Q テレビ画面を撮って ネットに投稿してもいいの?

A 違法です。ほかの人がやっているからといって まねをすると危険です。

テレビ番組を専用のレコーダーで録画して見ることは、「私的複製」になるので認められています。けれども、その録画データを投稿したり画面をスマホなどで撮って投稿したりするのは違法です。複製権や公衆送信権だけでなく、番組に出ている人の肖像権を侵害することにもなります。

YouTubeやTwitterなどには、いろいろなテレビ番組が投稿されています。中には、宣伝などのために合法的に公開されているものもありますが、勝手に録画や撮影をして投稿しているものも多いようです。よく見かけるからといって、まねをするのは危険です。削除要請の通告がきたり、損害賠償を求められたりした例もありますので気をつけましょう。

> ### 私的な複製の 範囲はどこまで?
>
> 著作権を自由に使える例外、私的使用のための複製(私的複製)は、どこまでの範囲を示すのでしょうか。私的とは「自分や家族、それに準ずる範囲」のことです。ですから、ダビングした動画を大勢の友だちなどに渡すための複製は、私的複製にならないので注意しましょう。

Q 好きなアーティストの曲をバックに演奏した動画を投稿しても大丈夫？

A 基本的に違法です。曲をかけずに自分で演奏した動画ならOKなところも。

11ページで説明したとおり、他人が作った曲を利用するためには、作詞家や作曲家、歌手、レコード製作者といった著作権者などの許諾が必要です。そのため、アーティストの曲をバックに演奏した動画を勝手に投稿したら著作権侵害となります。

ただ動画共有サイトによっては、日本国内の音楽の著作権管理団体である日本音楽著作権協会（以下、JASRACと略）や株式会社NexToneと包括契約というものを結んで、自分で歌ったり演奏したりすることができるようにしたところもあります。包括契約がされていれば、JASRACやNexToneが管理する曲を自分で演奏した動画を投稿することは違法にはなりません。ただし、包括契約には著作隣接権の中の1つでレコード製作者の権利・原盤権は入っていないので、CDやネット配信された曲をバックに流して演奏することは認められていません。またJASRACやNexToneが管理していない曲については、自分の使いたい曲の管理がどこでされているかを確認し、個別に許諾が必要か調べる必要があります。

たとえば、JASRACと包括契約をしているおもなところは以下のとおりです。どんなところが包括契約をしているか、くわしくはJASRACのサイトで調べることが可能です。

| YouTube | ニコニコ動画 | Instagram | TikTok |
| Facebook | LINE LIVE | アメーバブログ | Yahoo!ブログ |

CDの曲の利用も可能になる？

曲の原盤権についても、自由に使えるように契約をしている動画共有サイトもあります。ニコニコ動画では、一部の曲で原盤の許諾も取得してCD音源などを使った動画の投稿ができるようにしています。使いたい曲があったら、ニコニコ動画の「許諾楽曲検索」で確認してみましょう。

22

ネット時代の新たな著作権ルールの1つ
「クリエイティブ・コモンズ」

　これまで見てきたように、著作権に関する法律は複雑です。一方、現在では法律ができた時には想定していなかった著作物の利用形態が生まれており、著作権の許諾や処理などが追いついていないのが現状です。

　著作者の権利を守りつつも、新たに生まれるコンテンツの利用に対応するためには、柔軟な制度が必要といわれています。そんな中で生まれたのが、クリエイティブ・コモンズというプロジェクトです。音楽や動画、写真、文章などをインターネット上で公開する時に、著作者が自分の希望する作品の利用条件を明らかにすることで、著作者の権利を守りながら、著作物の利用をしやすくしようとしています。

　著作者が作品を公開する時の意思表示として、以下のようなものがあります。これらのクリエイティブ・コモンズ・ライセンス（以下、CCライセンスと略）を表示することで、著作者は「この条件を守れば私の作品を自由に使ってかまいません」とネット上で伝えることができるのです。

●表示

原作者の名前や作品タイトルなどを表示することをおもな条件としています。改変や営利目的（金銭上の利益が目的）での二次利用も許可している自由度の高いライセンスです。

●表示ー継承

原作者の名前や作品タイトルなどを表示し、改変した場合にはもとの作品と同じ上記のCCライセンスで公開することをおもな条件にしています。営利目的での二次利用も許可されています。

●表示ー改変禁止

原作者の名前や作品タイトルなどの表示と、もとの作品を改変しないことをおもな条件に、営利目的での利用（転載、コピー、共有）が行えます。

●表示ー非営利

原作者の名前や作品タイトルなどを表示の上、非営利目的（経済的な利益を目的としていない）であることをおもな条件に、改変したり再配布したりすることができます。

●表示ー非営利ー継承

原作者の名前や作品タイトルなどを表示の上、非営利目的にかぎっての使用で、さらに改変を行った時にはもとの作品と同じCCライセンスで公開することをおもな条件に、改変や再配布ができます。

●表示ー非営利ー改変禁止

原作者の名前や作品タイトルなどを表示の上、もとの作品を改変しないことをおもな条件に、非営利での利用（転載、コピー、共有）が行えます。

Q カラオケで友人と歌っているところを撮って投稿してもいいの?

A 違法です。カラオケの音源にはそれを作った会社の権利があります。

　22ページで著作権管理団体と包括契約されている曲であれば、作った人や歌っている人の権利を気にせずに自分が歌っている姿をYouTubeなどの動画共有サイトに投稿することができることは説明しました。けれども、カラオケになると話は変わります。カラオケ店で流れる歌の伴奏は、カラオケ通信機器の各会社が作った音源となります。そのため、その会社が著作隣接権を、複製権や送信可能化権(インターネット上に音源を投稿したり配信したりする権利)を含めてもっています。

　カラオケで歌っているところということは、自分たちの歌だけでなく、伴奏となるカラオケの音源も一緒に撮影することになるので、それを投稿すれば違法となります。

　また、そのカラオケ店の内部を勝手に撮って投稿していいかどうかという問題もあります。各施設には施設管理権という権利があって、その内部で何をしていいのか何をしたらだめなのか、ということを施設ごとに決める権利をもっています。

　簡単に撮影ができるからといって、気軽に撮って投稿する前にルールを守った投稿かどうかを見直す習慣をつけましょう。

投稿はダメ

Q ゲーム実況動画は著作権侵害にならないの？

A 著作権者の許可をとらなければ違法。ただし、条件つきで動画の公開を認めているものも。

　ゲーム中の動画を勝手に投稿したり配信したりすることは、複製権や公衆送信権の侵害となります。ただ、新たなゲームを買う時の参考にしたり、ゲームの攻略法がわからない時に参考にしたりするなど、ゲーム実況にはユーザーにとってもゲーム会社にとっても多くのメリットがあります。そのため、著作権者であるゲーム会社は著作権の扱いについて一律で取りしまらずに、多様な対応をしているのが現状です。

　対応例としては、自分たちが定めたルールの範囲の中ならば自由にゲーム実況動画を投稿していいというものや、ゲームソフトやゲーム機本体の機能を使用した撮影や投稿なら許可をとらなくてもいいという対応などがあります。許可をとくに出していなくても、ゲーム実況がゲームの宣伝の役割もしていることから黙認をしている場合もあるようです。

　様々なケースがあるので、ゲーム実況をしようとするのなら、動画投稿をしてもいいコンテンツかどうかや投稿する時の条件や手続きについて、ゲーム会社やそのゲームのウェブサイトなどで確認するといいでしょう。

Q 有名人のものまね動画を友人と撮っているけれど、何か法律違反になるの?

A 違反にはなりません。ただし、ものまねであることは明確に。

　ものまねを投稿すること自体は違法にはなりません。ただ、ものまねの種類によりますが、歌手ならばその歌っている曲に関する著作権などの権利関係を調べる必要がありますので、22ページなどを参考にしてください。

　ものまねをする対象がタレントの場合は、パブリシティ権なども関係してきます。たとえば、ものまねだと明らかにせずに、あたかも本人であるかのように名乗ってまねをして、自分のサイトを多くの人が見るようにしたら、パブリシティ権の侵害にあたる可能性があります。また、ものまねの対象者をばかにしたり、侮辱するようなものまねをしたりした場合は、名誉毀損で訴えられることもあります。

　テレビやネット上でも、ものまね動画は数多く存在していますが、そうした場合はたいてい事前に「ものまねをさせてもらいます」ということを伝えているといいます。必ず了解を得なければいけないというルールはありませんが、いずれにしても、ものまねだということは明確にして、ものまねをする相手を尊重した動画にするのがおすすめです。

まんがをもとにして、自分でパロディ動画を作ってもいいの？

A 日本の法律ではパロディの定義が明確でないけれど、基本的には許諾をとって使うもの。

ほかの人の作品の特徴や見た目をまねて作り変えるといったパロディも、もとの作品を利用することになるので著作権の許諾が必要です。そのため基本的には、まんがを作った作者にお願いをして、パロディにする許可をもらわなければなりません。一般的には出版社を通じて許可をもらうことになるでしょう。

原作の世界感やキャラクターをまねてアマチュアがオリジナルの作品を制作する同人誌などの二次創作作品の存在は認知されつつあり、現在は販売をする二次創作作品については、著作権者と二次創作作家との間で許諾契約を行っているケースも増えています。

また、もとのまんががまったくわからないくらいの創作がされているのであれば、自身の著作物と認められるでしょうが、それではパロディの意味がなくなりますね。

同人誌や、著作者が自身でウェブ上で公開しているような作品ならば、出版社ではなく直接本人に許諾をお願いすることになるでしょう。ただし、著作物を使う許可をとったからといって、著作者や作品を侮辱したりばかにしたりするようなパロディをすれば、著作者の名誉などの侵害によって問題となりますので、表現には気をつけましょう。

アメリカやフランスならパロディは許される？

日本の著作権法ではパロディをする際は著作権の許諾が必要ですが、アメリカは表現の自由に対する保護が厚いので、著作物を使って新たな価値を生む場合は著作権侵害にならないといわれることが多いそうです。また、フランスではパロディは憲法で保護されています。国によって考え方が違うのですね。

7 著作権侵害をしてしまった時は

▶ 自分の投稿が著作権侵害をしていたらどうする?

　動画を投稿したあとに、自分が著作権侵害をしてしまっているとわかったら、即座に動画を削除しましょう。違法なものを広げないことが重要です。知らずにそのままにしておくと、動画の削除を求められ、損害賠償請求をされた例もあります。

　インターネットの世界では、気軽に画像や映像を複製したり転載したりできるので、それが人の著作物だという意識が薄くなりがちです。けれども、作品は作った人の大切な財産であって、それを無断で使うことは人の権利を侵害し、法律に違反することだということは忘れないようにしましょう。

　作品の利用が許可されている場合でも、どのような使い方なら大丈夫なのかをよく確認してから使うように心がけましょう。

もしも知らないうちに、自分が著作権侵害をしていたら、どうしたらいいのでしょうか。ここでは、自分が人の著作権を侵害してしまった時と、反対に自分が侵害された時の対処法について解説します。

▶ 自分の権利が侵害されていたらどうする？

　SNSなどで自分が投稿した映像が勝手に使われたといったトラブルは少なくありません。そうした問題への対処方法も覚えておきましょう。

　投稿者自身が投稿内容を管理できるサイトならば、投稿者に削除を依頼しましょう。本人に悪意がなく、気づかずに権利を侵害する投稿をしている場合は、指摘することですぐに応じてくれるケースが多いようです。

　また、動画共有サイトなどで勝手に使われている場合、そのサイトの運営元に削除依頼をすることができます。

　動画共有サイトでもSNSでも、たいていは権利侵害などを報告するページがありますので、そこから報告を行います。審査の上、著作権や肖像権、プライバシーなどの侵害が認められれば、削除に応じてもらえますし、場合によってはもっと強い措置がとられます。たとえばYouTubeの場合、定められたガイドラインなどに違反したと3回警告を受けた人のアカウントは、問題の動画の削除だけでなく、投稿された動画がすべて削除され、新たなチャンネルが作成できなくなるといった措置がとられます。

「この動画の投稿は削除してください」と投稿者に伝える

運営元に依頼する

著作権の侵害に関する通知
問題についての説明

著作権を味方につけよう

ネットユーザー教育の専門家　小寺信良さんがアドバイス

　著作権法は、もともとは出版事業など、他人の著作物を預かってたくさんの複製物を作り、それを世の中に広めるという仕事をサポートするために生まれました。その後、文章以外の創作物の権利を保護するのに活用されはじめ、今ではかなり広い範囲をカバーするに至っています。その結果、それまでは一部のプロだけに関係する法律だったものが、広く一般の人にも関係する法律になっています。

　著作物の利用方法も、以前は自分で便利に視聴するために複製するような使い方がおもでしたが、今は著作物から別の著作物を作り出すなど、創造性が加わるようになってきました。著作物は、まったくのゼロから生まれてくるのではなく、何かを下敷きにして生まれてくるものです。ですから一部の著作権者は、新しい創造物が誕生するのであれば厳格に権利を主張しない、というように変わってきています。

　こうした時代の変化は、すぐに法律に反映されるわけではありません。そのため、「法律の範囲を正しく見極めながら、時には権利者に直接連絡をとりつつ、新しい作品創造を行っていく」、そういう時代になってきているのだと思います。そしてあなた自身が著作者になれば、著作権はあなたの行為を制限するものではなく、あなたの権利を守るものに変わっていきます。

いろいろな話が生まれそう

困った時の相談窓口

東京都都民安全推進本部「こたエール」

https://www.tokyohelpdesk.metro.tokyo.lg.jp

☎ 0120-1-78302
（15:00 ～ 21:00 月～土曜日 ※祝日を除く）

「SNSのトラブルで困っている」「お金を払えと言われた」など、インターネットで困っている青少年のための相談窓口。メールやLINEでも相談可能。

ほっとネットライン

https://it-saga.net/hotnetline/

☎ 0952-36-5900（平日9:00 ～ 18:00）

子どもをとりまくインターネット関係のトラブルについて、電話やLINE、メールで相談できる窓口。
LINE ID @hotnetline

警視庁「ヤング・テレホン・コーナー」

https://www.keishicho.metro.tokyo.jp/sodan/shonen/young.html

☎ 03-3580-4970（24時間対応）

インターネット関係にかぎらず、未成年者が何か困った時や相談したいと思った時に電話で相談できるよう24時間受けつけている相談窓口。

INDEX さくいん

● 執筆・編集
株式会社メディア・ビュー（橋本真理子、酒井範子）
一般書籍、雑誌、企業の冊子、Webを中心に、企画・編集・デザインを行っている。おもな制作物に、『からだにいいこと』（祥伝社）、『たまひよオンライン』（ベネッセコーポレーション）、『学研教室 学習コースのご案内』（学研ホールディングス）などがある。

● 監修
小寺信良（こでら・のぶよし）
インターネットユーザー協会代表理事。コラムニスト、映像技術者。テレビ番組の編集者としてバラエティ、報道、コマーシャルなどを手がけたのち、ライターとして独立。AV機器から放送機器、メディア論、子どもとITの関係まで幅広く執筆活動を行う。おもな著書に『気をつけよう! SNS』『気をつけよう! スマートフォン』シリーズ（汐文社）、『USTREAMがメディアを変える』（ちくま新書）、『子供がケータイを持ってはいけないか？』（ポット出版）などがある。

● 取材協力
上沼紫野（うえぬま・しの）
虎ノ門南法律事務所所属弁護士。1997年に弁護士登録。2006年にニューヨーク州弁護士登録。知的財産、IT関連、国際契約等の業務をおもに行う。総務省ICTサービス安心・安全研究会「青少年の安心・安全なインターネット利用環境整備に関するタスクフォース」委員、内閣府青少年インターネット環境の整備等に関する検討会委員などを務める。共著に『著作権法実戦問題』（日本加除出版）、監修に『学校で知っておきたい著作権』シリーズ（汐文社）などがある。

● イラスト
なとみみわ

● デザイン
大岡宏子、倉又美樹

● 編集担当
門脇 大

気をつけよう! ネット動画
③大丈夫!? 動画の著作権

2020年3月 初版第1刷発行
2022年1月 初版第3刷発行

監　　修　小寺信良
発　行　者　小安宏幸
発　行　所　株式会社汐文社
　　　　　　〒102-0071 東京都千代田区富士見1-6-1
　　　　　　TEL 03-6862-5200　FAX 03-6862-5202
　　　　　　https://www.choubunsha.com
印　　刷　新星社西川印刷株式会社
製　　本　東京美術紙工協業組合

ISBN 978-4-8113-2688-7